붉은 강

홍순미 시집

月刊文學 출판부

|『붉은 강』을 엮으며|

인생은 예술이다.

25살, 그해 겨울 아플 한 남자가 다가왔다. 나는 그 남자에게 순백의 내 캔버스를 통째로 내주고 말았다. 그 후 그는 피카소마냥 낙서 같은 그림을 거기에 갈겨대기 시작했다.

남자는 천사 같은 두 아들을 내게 오게 했고, 그 시절 나는 봄날 같은 행복만 있었다. 그것도 고작 몇 년, 남자는 아지랑이 피는 봄 같은 행복이 지루했던 모양이었다.

슬슬 캔버스에 바람 불어넣기 시작하더니 어느 날인가는 먹물 푹 찍어 환칠하기 시작했다. 삶은 순식간에 뒤죽박죽이 되고 말았다. 지금 생각해도 어처구니가 없는 일이다. 그 이후로도 남자는 수도 없는 환칠로 있었다.

그 즈음 갈겨댄 글들을 나는 총 일곱 권의 책으로 묶었고 삶은 뜨거웠다.

오면서 피카소 같은 이 남자가 없었더라면 아마 오늘 나는 이 『붉은 강』이란 시집으로 인쇄소 잉크 냄새를 맡지 못했을 것이다.

방금 찍어낸 따끈따끈한 이 한 권 책을 들고 나는 이제 그의 우리에서 출소하려 한다.

눈이 부시다.

순백의 캔버스에 그림 그리러 와 준 당신은 참으로 훌륭한 예술가였습니다.

2013년 8월 13일 시인 홍순미 적음

홍순미 시집

붉은 강

칠흑같이 어두운 뇌에 빛을 주소서

예수 믿기를,

사람들이 저를 볼 때 저로 하여금 제가 아닌 예수님만 보이게 하시고

당신이 빛나는 것같이 저도 빛나게 도우소서

다른 형제들을 비출 수 있을 만큼 환한 빛이 되게 하시고

당신이 좋아하는 방법으로 저와 함께 있는 모든 이를 비춤으로써 당신을 찬미하게 합니다

나는 곧 예수다

가난이 두렵지 않고 비난 역시 흔들림은 없습니다

욕심이라고는 바늘 들 힘도 없을 만큼 비워 살 것이며 순수하기가 다섯 살 아기같이 살겠습니다

취해 살기를 흠뻑 젖은 빨래 같게 살 것이며 분노 또한 공기처럼 깨끗하게 정화시켜 주소서

믿습니다

기도한다

제가 가는 곳마다 예수님 기운이 머물게 하시고 제 영혼은 당신의 향기로 넘치게 하소서

저를 온전히 가지시고 제 삶은 당신의 빛으로 있게 합니다

주님! 두려움 걷어 가시고 봉사의 기운으로 오십시오

호롱불만한 빛으로 오시고 테레사 수녀님 같은 봉사의 힘으로도 오소서,

기도하나이다 염원합니다

덤이 인생 되게 하시고 죽음의 두려움 또한 넘어서게 하십니다 암이 오거들랑 잘 놀다 가게 도우시고 그게 죽음일지라도 순응하게 하십니다

한 토막 '샌드위치'란 단어로 오신 주님 그날 아침 저는 다시 주님을 영접했습니다

솜이 물 먹듯 주님 뜻 습득하겠습니다.

붉은 강

뜨거운 강이 흐르고 있다
이건 온천수가 아니다

붉은 피의 강이다

피로 흐르고 있는 부유물들이 지금
세월이란 돛단배를 타고 떠내려가고 있다
어디에 머물지
쇳물같이 뜨거운 강은 말이 없고

붉은 피의 강으로 흐르고 있다 유유히.

올무

야심한 밤 자시(子時)
그는 스스로 올무를 목에 걸었다

작정하고 목에 건 올무가 바둥거리는 모든 것의 목을 죄기 시작했다
결국 그건 다시 그의 혀를 자르고 뚝뚝 떨어지는 피가 먹물이다

갓 잡아올려 따끈따끈한 피는 빨아먹고 가죽은 별에 널었다.

우물에 빠진 코끼리

칠흑같이 어두운 건 깊다
깊은 건 생각일 뿐 평면의 검정일 수도 있다
나락으로 추락한 건 평면이다

끝이 보이지 않는다
감정(感情)의 외출은 어둡다
어둠에 빠진 게 감정(感情)이고
깊은 혼자다

다시 또 깊은 건 우물이다
거대한 코끼리 한 마리
우물에 빠져 허우적거리고
검정의 평면 위로 빠진 건 다시
코끼리 코다
칠흑같이 어두운 게 정(情)이었다.

반딧불이는 시인이다

긴 여름의 유충은 반딧불이의 탈피를 위해 몸을 떨었다
몸부림 속 반딧불이 탄생이 있고 습작 시절 기형의 날개는 날지 못했다
또다시 비상으로의 준비는 말랑말랑한 날개를 말리려 본능적으로 높은 곳으로 기어올랐다
어디에도 위험은 있는 법 회색 날개가 점차 검게 변해가면서 난 적도 없이 비상을 꿈꿨다 그런 첫 비행은 역시 실패다
다시 꼭대기로 기어오르고 날마다 비상을 꿈꾼다

비로소, 꽃잎 박차고 날아오른 게 희망이다
빛 속에 점처럼 날아다녔고 여름밤 하늘 깊숙이 날아들어갔다
자체발광하는 반딧불이는 시인이다.

아나콘다로 사는 여자

여자는 사랑하지 않아요
모든 것에 기대도 하지 않습니다
그렇다고 완전히 내치는 건 아닙니다
필요에 의하면 쓰임새 있게 쓸 예정에 있으나
거두지는 않습니다
당연히 누구의 부름에 응하지도 않지요
여자는 습도 있는 여자 맞습니다
때때로 공간을 초월해 살기도 하고
다섯 살 아기 같기도 한 여자는
관계가 부족할 뿐 나쁜 사람은 아니랍니다
처음 경계선을 넘어오면서
저 너머 음지를 알았고
거기서 놀고부터 혼자로 왔고 혼자로 가고 있을 뿐입니다
이별은 용기입니다
세 번의 이별이
소설가 공지영과 같으나 전혀 다른 여자는 아나콘다입니다

그 소리 생뚱맞다 하겠지만 그것도 맞는 소립니다

여자를 관통해 온 뱀은 아나콘다고 아나콘다는 맹독류가 아닙니다

사람들이 뱀을 싫어하는 것같이 여자는 남자를 싫어합니다

여자의 정(詩) 속에 서식하고 있는 뱀을 신성시하는 건 때때로

고물고물 여러 마리 같아 보이기 때문입니다

하지만 한 마리일 뿐 근성있는 여자는

범어사 대웅전 기둥만한 몸통의 아나콘다로 살아갈 따름이나

순수합니다

여자는 혼자 소리로 "뜻과 다른 게 세상 아니요?" 라고

중얼거렸다 비 맞은 중마냥…….

멍

나비처럼 곱게 날고 있는 말[言]은
입 속에서 푸딩처럼 부드럽다
벌처럼 날다 쏘아 버린 건
씨앗 돼서 바위같이 단단한 가슴에
각인돼 들어오고
어느 순간 꽂혀 버린 '말뚝'
정(情),
그가 죽어야 눈물에 잠겨 썩은 말뚝은 빠질 모양인데
아니다 이미 쓸모없는 말뚝이라 캐내 버렸는데
그럼에도 불구하고 자꾸 목젖 밑을 꾹꾹 찔러오는 건
뭘까?
내가 먼저 멍에를 풀어 놓는다
오래 전 술독에 빠진 당나귀 한 마리
하늘 멀리 날고 있었다

멍.

밤의 노래

밤늦도록 찢어지는 듯한 고음의 비애
현을 타고 거친 소리로 님이 오고 있다
굽이굽이 넘어오느라 고단했을
once in a blue moon
jazz bar의 달이 저문다

한 잔 데낄라는 짭짤한 소금과 어울리고
blue, 푸른빛의 조명을 쪼개는 무대의
심장 두드리는 드럼 소리 그 너머로 색소폰은 뇌우 같다
singer, 고음 누르는 목청이 주름을 또 한 번 구겨놓으면
그 사이로 푸른빛이 스며들고
취기 동한 달이 질척질척 로데오거리서 헤매는데
데낄라 한 잔 같은 시(詩)는 나를
미치고 싶어 안달하는 여자이게 하고…….

금줄

부정 타는 모든 것들에
금줄을 친다
여름날 청솔가지를 꺾어왔고
붉은 고추랑 검정 숯뎅이를
차례차례 새끼줄에 끼웠다
심해 깊은 뇌에 그걸 내다 걸고
부정 탄 이를 사절한다
불필요한 이도 밀어냈다
또다른 금줄은 지나치게 붙임성 있었던 내 안의 나한테
빗장으로 내다걸었다
죽은 물고기로 쏟아지는 비는 가라
경계합니다
그랬던 모든 것들을 삭제한다
그랬더니
봄날 아지랑이같이 형체 없는 부드러움이
내게로 왔다
옷 바꿔 입듯
인생도 바꿔 살란 말처럼

내 삶에 부정탄 모든 것들에
금줄을 친다.

광대

나는 광대다

뽀얀 분을 바르고 숯검정 눈썹에
붉은 립스틱의 흔적으로 사는 나는 배우다
인생이란 거대한 유랑단 속 광대는
매번 변사또의 음성에 흔들리고
웃고 울었다
어디만큼 온 걸까?
어디메로 가고 있는 걸까?
표독한 일장기를 밟고 지나온 아버지의 아버지는
광대를 낳으셨습니다
무대가 그리워 불나방처럼 뜨거운 조명을 쫓는 나는
빛을 쫓다 타죽기를 희망하는
처절한 광대다
'죽느냐 사느냐 그것이 문제로다' 속 햄릿이 나오기도 하고
김중배의 다이아몬드 반지는 까만 무대 위 빛을 좇는 나로 매번 울린다

뽀얀 뺨을 타고 내린 검은 눈물이 굴러떨어지고
관객은 그때도 손가락질로 있었다
그 눈물 밟고 지나오면서 미쳐야만 했던 그 시절
머리 위로 쏟아진 태양빛 조명이
희망으로 나를 쫓아오고 있었으니
우리처럼 쏟아진 갈채 소리
귀를 찢는다

미치고 있었다.

똥의 철학

낡은 젓가락을 들었다

'도(道)'를 헤집었고 집어먹었다 되새김질을 하고 또 했다 도올* 얘기처럼 꿈 없는 잠을 잤고 죽었다 깨났다 똥은 악취 없는 가래떡 같은 황금색 똥을 쌌다 공복에 마신 냉수 한 사발 거푸거푸 욕망을 게워냈다 가난이었다 그렇게 반 세기를 오는 동안 목구멍에서 똥창세기까지 뻥 뚫리는 걸 느꼈다 참 좋았다

굽이굽이 물 흐르는 풍광 좋은 곳에 정자 하나 지을까 하다가 그것도 짐 될까 싶어서 그냥 왔다.

* 도올 : 철학자 김용옥.

질다

마음을 열고 음악을 들어요
그리고 서서히 몸을 느끼고 춤을 춰요
슬슬 넋이 오를 것입니다
그때 영혼을 만나십니다

뭐가 보이시나요?
감은 눈꺼풀 위로 깊고 높은 거기엔
빛이 있고 환합니다
그리고 가볍습니다
깨끗한,

취우

수달처럼 앞발로 날생선을 잡고 뜯어먹었다
피가 뚝뚝 떨어지고 입술에 피가 묻었다
비릿하다
초저녁 비늘이 취우처럼 쏟아지고 둥둥 떠다녔다
손을 뻗어 건어내려 했지만
헛손질만 해댔다
어둠 밑으로 별이 들고 일어났다
생선의 피가 아메바처럼 꿈틀거리고 핥는다
퀴퀴하다
취우로 흠뻑 젖은 나는 또다시
피를 흘렸고 수달처럼 날생선을 들고 뜯었다.

외마디 소리

첫 발 잘못 내딛고
걸음마다 여간 무거운 게 아녔다
잠시 지친 몸을 쉬고 있는 지금
나는 내게 묻는다
“칠흑같이 어두운 터널 이제 겨우
빠져 나온 것 같은데 괜찮냐?”고
먹구름 걷히고 나는 슬슬
따가운 볕을 타고 오릅니다

“나의 첫 무대는 넌센스였습니다다다다다…….”

스캔들

여자의 가운데 스캔들은 에너지다
끼의 냄새고 향기다
향기 없는 시든 꽃에는 벌도 날지 않는다
진딧물도 없다

스캔들의 여자는 흥미롭다
날카로운 가시 같은 매력이 '끼'고
조였다 풀었다
갈 듯 말 듯한 아우라가 곧 스캔들이다.

눈이 아프다

볼 게 보이지 않았다
뜨고 있는 눈은 봉사다
진정한 눈으로 봐야
보일 게 보이는 혜안이

'도(道)'다.

짓

지루하고 답답한 걸
못 견뎌하는 '짓'의 사람은
복잡하고 탁한 걸 싫어하며
투명하고 가벼운 깨끗함에
빠져 사는 '짓'의
사람이기도 하다

한 곳에 오래 머물지 못하며
같은 것 역시 오래 못하는 변화무쌍한 혹은
무아지경에 머물러 있기도 하는
곤두박질 속 극단적인 '짓'도
가만히 있지 못하는 '짓'은 '짓'에
오늘도 극치에 이른다.

있는 그대로

모든 건 그냥 있는 그대로다

깊고 깊게 새록새록 음미한다.

틈

순진과 순수 사이 사내는 여러 해 동안 혼돈에 있었다
사내가 그 틈에서 악의 꽃을 피우고 있을 때
순수는 그런 사이 도(道)의 경계선에 있었고 사내를 내려다봤다
그제서야 사내가 순진으로 잘못 판단한 순수에 놀란 건
도(道)의 끄트머리에선 순수가 더 이상 '용서'란 단어를 키우지 않았기 때문이다
사내는 거꾸로 악의 꼭대기에서 도(道)를 부리기 시작했다
그때도 당할 리 없는 순수가 편안했던 이유는 이미 기세가 기울었기 때문이다
사내의 눈 안에서 벌건 열꽃은 이미 기생하고 있었고 앓기 시작했다
그렇거나 말거나 양보할 거 없는 순수는 섣달 그믐밤의 달빛만큼 찼다
사내는 끝내 일어나지 못했다
그 뒤로도 오랫동안 순진과 순수를 혼돈하는 이 있었으나 누구도

사내만큼 혼돈하지는 않았다
어리석은 자 음기를 부려놓고 서둘지 마라
방심한 틈 사이 악의 꽃은 피고 있기 때문이다.

빛으로 날다

나는 무리 속에서 소나기 소릴 내며 뽕잎을 갉아먹었다
석 잠을 잤고 청년인 나는 교만의 목을 길게 뺐고 대가리를 내둘렀다
넉 잠을 자고 일어났고 5령인 막잠 후 내 몸은 누렇게 변하기 시작했다 맑겠다
섶에 올라가 집을 지었고 굴을 팠다
명주실 된 나는 물레를 탄다
변신한다
조명 밝은 무대 위 나는 패션쇼장의 빛에 반사되었다

흐느적거렸고 나중엔 나비 되어 조명 따라 날아다녔다.

이슬도 무거운 여자

내 안에
찬 습기가 맺혔다
그건 이슬 되었고
물 먹은 솜처럼 무거웠다

밤새 이슬 무거웠던 건
햇살 그리움 때문였다.

호적의 잉크가 무거워진 여자

어느 날 갑자기 호적의 잉크가 무겁기 시작했다
나는 슬쩍 남자의 이름을 걷어냈다 그랬더니
진흙같이 무거웠던 것에 부력이 생겼고 수면 위로 떠오르기 시작했다
이후, 나는 신선(神仙)처럼 둥둥 떠다녔다

Freedom!

바람이 분다

바람이 분다
빈 소라껍데기 같은 나한테로
허전한 바람이 불어왔다
속이 꽉 찬 소라이기보다
오늘 빈껍데기로 흔들리는 게 더 좋은 건
낡은 구멍 틈새로 바람 스칠 때마다
내면의 소리 낼 수 있기 때문이다
이리 뒹굴 저리 뒹굴
바람에 빈 몸 싣고 소라껍데기로 살아가는 게 나는 오늘
참 좋다.

비루하다

비루하다
행색이
비루한 게 아니라
빈곤한 지혜가
비루했다
지혜 하나
부려 쓰기를
그는 닭띠답게
모든 걸
헤집었다
매사에 까시러졌고
피곤했다
결국 그는
노을 짊어진 채
오랫동안 횃대에
혼자 앉아 있었다
그는 수시로
흔들렸고

졸았다 나는
그의 뇌에
법정의 오두막을
지어 주고
있었다.

깨진 립스틱

붉은 립스틱을 나는 검정색 차에 매달고 달렸다 깨진 채로 아스팔트를 달리는 게 립스틱이다 입술 밖에다 그림 그리며 끼어든 게 붉은 깃발의 립스틱이고 립스틱은 바람에 휘날렸다 깃발이 진흙처럼 녹아내렸다 나는 장화를 신고 펄럭이는 립스틱을 밟아댔다.

잘 가요 안녕

잘 가요 안녕!
행복했습니다
그리고 어제 배려해 준 은혜 잊지 않겠습니다
어제는 슬펐지만 오늘은 그래도 행복합니다
고마워요 사랑했습니다
사랑으로 있는 동안 온 천지가 다 내 것이었습니다
당신을 떠나보내고 나면 나는 언제 또 누굴 사랑하게 될지 저는 아직
모릅니다 아마도 오랫동안 어느 누구도 사랑하지 못할 것입니다
그건 당신을 잊지 못하기 때문입니다
그대 또한 그러리라 믿습니다
잘 가요 안녕!

봄은 움직임이다

봄은 움직임이다
강의 얼음이 녹느라 움직이고
언 폭포가 녹아 쏟아지려고 꿈틀거린다
초록의 새순이 언 땅을 밀어올리고
악어 등껍질같이 단단한 나무를 뚫고 나온다
들썩인다
둥지를 차고 나는 새들까지
거대한 지구를 통째로 움직이는 게 봄이고 봄은 육중하다
봄의 이름으로 봄이 움직이고 있다.

겨울비

그리고,

비가 왔다
봄의 씨앗을 밴 겨울비가 쏟아지고 있다
트럭 과일장수의 생계마저 한가하게 할 겨울비가 오고 있다
장맛비만큼 철없이 쏟아지고 있다
지하철 입구에서 기어 나오는 벌레들은 사과를 따먹지 않았다
허탕친 과일장수에게 겨울비는 한 젓가락 생계다
그런 비를 나는 애인 기다리듯 기다리고 있었다

트럭에 쳐 놓은 차일의 추녀 끝에서
굵은 트로트가 낙숫물처럼 떨어지고 있고
언 과일이 생계다.

어찌 그리 더디 오시나요

곧 들이닥칠 거 알고 있습니다
당신이 오면 하얀 고무신을 닦아 물기 빠지게
담벼락에 세워 놓은 걸 신고 뛰어나가 마중하겠습니다
오면, 절박하게 기다렸던 만큼 그만큼 많이
고봉 가득 밥을 퍼드리겠습니다
어찌 그리 더디 오시나요?

시(詩)…….

눈물 밟고 온 사랑

너무 그리워서
눈물 밟고 왔습니다

그리움 너무 아파서
눈물 들고 왔습니다

소리내 울 수도 없어
가슴 저몄던 밤
눈물, 도 사치였습니다

이 눈물 밟지 마세요.

면구하고 면구한 일입니다

언제 봄이 왔는지 벚꽃이 만개했어요
그 벚꽃 나는 감히 올려다보지 못했습니다
지구라는 별에 사는 벌레들은 고물고물
사건 사고로 전쟁을 치르며 삽니다
그게 여간 부끄러운 일이 아닙니다
벚꽃, 위에서 눈부신 꽃잎으로 내려다보며
뭐라 했겠어요?
참으로 면구하고 면구한 일입니다
내년 봄쯤 며느리가 아기를 낳으면 나는
서둘러 손자를 안고 나가
순백의 세상도 있다고 보여 줄 겁니다
그때나 돼야 쳐다라도 볼 수 있겠지요 벚꽃?

나는 찾았다

다 게워냈고
할 만큼 했다

개운하다

배설도 지겨웠을 붓은 뭔가를
다르게 칠하고 싶어 환장했으나
창작은커녕 삭제할 것만 보였다 한참 동안
먹을 치지 못한 채 멍하니 있던 붓은
여백 속 한 개의 부끄러운 점으로
유영하고 있는 것을

발견한다

모든 건 별 게 아녔다.

별 거 아녔다

깊고 푸른 게
달려들었다
한꺼번에 달려들었다
거센 폭풍의 힘으로
솟아올랐고 들이닥쳤다
여자는 순식간에 휩쓸렸고
뒤엉켜 정신이 혼미해졌다
몸을 가눌 수 없을 만큼 큰 것에
이러저리 휘둘렸다
바닷속 백상아리같이 포악했던 그가
한순간 용쓰다 뒤집혔고 쓰러졌다
고요한 여자가 오히려 심해(深海)보다 깊고
통째로 뒤집힌 바다만큼 컸던 걸 뒤늦게 깨닫는다
망망대해에 떠 있는
편린 조각 같은 존재밖에 안됐던 사내는
별 거 아녔다
출렁일 뿐 절대로 뒤집힐 리 없는
또다른 형태의 바다가 오늘
비릿한 냄새로 내게 왔다.

4월이 오면

4월이 오면
허름한 바닷가를
걷고 싶다

곧 계절은 바뀔 테고
여름 되면 떠날 여자를
위해서 걸어두자

내가 걷는다

여자는 어둠 가운데 서 있(었)다

지리한
겨울을 건너온
4월이면
홑이불 말듯
잔잔하게 밀려올
파도의 해변을
걷고 싶다.

생각의 눈을 감는다

강 건너에서 누 떼 오기만을 기다리고 있는 악어 같은 생각은 눈을 감는다 블랙홀로 빨려들어간 생각은 빈혈의 벼랑 같기도 하고 어지러웠다

감은 눈 너머로 촛불 한 송이 하얀 석고상 성모님이 최대한 낮은 몸으로 가장 나직한 음성의 기도로 있고

쓰레받기에 교만을 쓸어담는다 거룩하지 않은 욕망도 쓰레기통을 그리워하게 하고 이맘때쯤이면 생각의 눈을 감는다 악어 이빨 같은 생각은 간혹 무기가 될 수 있기 때문이다.

풍경

한마리인연기다리기를검은털이회색빛되고노을내린석양의눈꺼풀은천근쇠붙이같이무거웠다이제그만빗장걸어둬야겠는데그가아직안왔다이제막겨울지나고계사년춘삼월인데그에게는아직임진년하고도섣달그믐밤인가보다

풍경 소리 왜 그리도 한가한지 속이 탄다.

도덕경

종발만한 그릇에 물을 떠 먹고 배부르다고 요란을 떨었다
소인배였다

이번엔 아나콘다의 배를 채우고도 시치미를 뗐다

이번에도 또, 침묵으로 배를 채웠다고 허풍을 떤 셈이 됐다.

가난은 날개다

가난, 단비 기다리듯 그렇게 기다려도 아니 오더니
고픈 기도가 잠자리 날개만큼 가벼워지니 그제야 그건
슬쩍 노크해 왔다

맨발로 내가 맞이한 건 깨끗하고 가벼운 날개였다.

거푸집 속 모조품

어둠 짙은 늦은 밤
한 방울 납덩어리 남자가 거푸집으로 걸어 들어왔다
줏대 없는 남자에게 나는 그 안에서 주문을 외게 했다
매번 그렇게 몸은 달궈 놓고 굶주려 갈증 난
성욕의 분노는 에너지로 끓게 했다
기도는 뮤즈로 변신되어 저절로 오게 하고
그는 그렇게 나의 도구가 됐다
그런 사이 인내로 억압됐던 한 컷 소설은 나를 품게 한다
뜨거운 열로 달궈진 남자를 나는 아직도 거푸집에 가둬 놓고
굽고 있다
그는 가짜다
수천 수만 개의 모조품일 뿐 가짜였다
나는 오는 동안 유사품에 철저하게 속아 살았다
납도 아닌 진흙으로 구운 주물을 버젓이 목에 걸고 다녔으니
어처구니가 없다 후회한다

오면서 하얀 네모 속 정신병동의 거푸집을 내줬던 것
조차도
지금은 후회하고 있다.

길

내가 어디로 가고 있는 건지
어디만큼 왔는지 혹은
어디로 갈 건지 나는 아직 모릅니다

늘 떠나고 다시 돌아온다

하루에도 수십 번 그 일을 반복하며 사는 나는
오늘도 또 떠났다 되돌아올 것이다

여전히 나는 길 위에 있다.

강(江)으로 흐르고 있는 모든 것들은 꿈틀거림이다

흐른다

도도한 게 아니라 흐물흐물 '갈 지(之)' 자를 그리며 지나가고 있다

저 물길이 아기였을 때 그때는 처음 도랑이었을 텐데

반세기를 넘어오면서 강의 폭은 산만한 이무기 한 마리로 키워내고 있었다

그런 꿈틀거림이 지금을 헤엄쳐 지나가고 있는 게 강(江)이다

때론 부유물처럼 떠다니기도 하고 쫙 찢어진 아가리 그 너머로 주변을 탐지하는 두 개의 눈을 가지고 있는 이무기는 매번 강바닥에 배를 대고 있다

겉에서 볼 때는 고여 있는 것 같으나 내면은 뱀의 비늘처럼 꿈틀거리며 흘러가고 있다.

홍순미 시집_ 붉은 강

초판 인쇄 | 2013년 12월 15일
초판 발행 | 2013년 12월 22일

지 은 이 | 홍순미
발 행 인 | 정종명
편집국장 | 차윤옥

펴낸곳 | 月刊文學출판부
주소 | 서울시 양천구 목동서로 225 대한민국예술인센터 1017호
전화 | 02-744-8046~7
팩스 | 02-743-5174
이메일 | klwa95@hanmail.net
등록 | 2011년 3월 11일 제2011-000081호
ISBN 978-89-6138-236-6 03810

값 8,000원
